AF235995

Bucketlist für Paare selber machen

Wie Sie leicht Ihre eigene ganz persönliche Bucketlist erstellen und eine erfüllte Beziehung füh-ren - inkl. der besten Praxistipps und Tricks

Mara Hensmann

INHALT

Das erwartet Sie in diesem Buch   1

„Bucketlist"   4

*Warum partnerschaftliche Krisen, warum Bucketlist
für Paare?*   *5*

Die Bucketlist   23

Einführung   *23*

Jugendliche Menschen   *30*
  Definition   30
  Tipps für Ihre Bucketlist, wenn Sie sich als
  „jugendlichen Menschen" wahrnehmen   32

Stadtmenschen   *34*
  Definition   34
  Tipps für Ihre Bucketlist, wenn Sie sich als
  „Stadtmenschen" wahrnehmen   35

Land- und Naturmenschen   *41*
  Definition   41
  Tipps für Ihre Bucketlist, wenn Sie sich als „Land-
  und Naturmensch" wahrnehmen   42

Menschen mit Kindern   *43*
  Definition   43
  Tipps für Ihre Bucketlist, wenn Sie sich als
  „Menschen mit Kindern" wahrnehmen   44

Menschen im blühenden Herbst Ihres Lebens   *46*
  Definition   46

Tipps für Ihre Bucketlist, wenn Sie sich als
„Menschen im blühenden Herbst Ihres Lebens"
wahrnehmen   48

Ausflugs- u. Aktionstipps   53

Zusammenfassung & Mutmacher   59

Das erwartet Sie in diesem Buch

Fühlen Sie sich wie in einem Hamsterrad? Fühlen Sie täglich das Murmeltier, welches Sie grüßt, wenn Sie an Ihren Partner denken? Ist in Ihrem Leben eigentlich alles okay so, wie es ist, aber es stört Sie eben nur dieses „kleine", was zum „großen Aber" werden könnte?! Sie haben das Gefühl, in Ihrer Partnerschaft ist so richtig der Wurm drin? Egal, ob Sie gerade erst der Pubertät entwachsen sind, mitten im Leben stehen oder sich im eigentlich so herrlich blühenden Herbst Ihres Lebens befinden ... es ist JETZT Zeit für frischen Wind in den Segeln Ihrer

Partnerschaft – Sie wollen und werden es JETZT anpacken, wissen aber noch nicht, wie?! Dann haben Sie mit diesem Buch die richtige Entscheidung getroffen und halten JETZT die Tipps in der Hand, mit denen Sie nach und nach oder in manchen Fällen vielleicht sogar schlagartig Ihre Partnerschaft wieder zu neuem sichtbaren, aber vor allem wieder fühlbaren Glanz verhelfen können.

Sie erfahren alles darüber, was eine Bucketlist eigentlich ist, für Paare sein kann und weshalb Sie anhand von kurzen Stichpunkten mit Ihrer persönlichen Bucketlist wieder leichter, beschwingter, glücklicher und freier durch Ihr (partnerschaftliches) Leben gehen können. Sie werden mittels einfacher Beispiele, anhand von Zitaten großer Persönlichkeiten und zusammengetragener Lebenserfahrung lernen, sich und Ihren Partner neu zu verstehen oder überhaupt das allererste Mal „richtig" zu verstehen. Denn erst, wenn Sie verstanden haben, was SIE eigentlich selbst von sich selbst und Ihrem Leben erwarten, kann Ihr Partner Sie verstehen und Ihre Gemeinsamkeiten können wieder wachsen oder sogar neue zum Vorschein kommen. Bucketlist für Paare – die eigentlich wissen, wie es ist, gemeinsam zu gehen, gemeinsam zu stehen, nicht einsam Seite an Seite, sondern voller Genuss und Freude miteinander und nicht gegeneinander durchs Leben zu gehen.

„Bucketlist"

Definition: Der Name „Bucketlist" kommt ursprünglich aus dem englischen Sprachgebrauch von „kick the bucket" also wortwörtlich übersetzt „den Löffel abgeben". Manchmal wird sie deshalb im deutschen Sprachgebrauch auch „die Löffelliste" genannt.

Am häufigsten wird sie genutzt, um sich vor Augen zu halten, was man noch erleben oder erreichen möchte, bevor man „den Löffel abgibt" also, bevor man stirbt. Aber eben auch, um sich wieder zu fokussieren auf etwas Bestimmtes, was man eigentlich in diesem oder jenen Lebensbereich gerade wirklich (wieder) möchte.

Die Bucketlist oder Löffelliste steht symbolisch für all die Dinge, die man in einer bestimmten, sich selbst vorgegebenen Zeitspanne noch – oder wieder – erreichen möchte. Sie ist ein äußerer Leitfaden, eine äußere Struktur, die einem Halt gibt, wenn man innerlich gerade etwas haltlos ist, nicht weiß, womit man anfangen soll, sich hilflos fühlt und wieder strukturierter, aber vor allem innerlich zufriedener vorwärtskommen möchte. Und in Ihrem Fall ist es speziell eine Bucketlist für Paare.

WARUM PARTNERSCHAFTLICHE KRISEN, WARUM BUCKETLIST FÜR PAARE?

Sie wissen nun, was der Begriff Bucketlist bedeutet. Doch warum eine Bucketlist für Paare erstellen? Warum genau für SIE und Ihren Partner? Natürlich aus einem der vielen Gründe, die heute in unserer Gesellschaft vorherrschend sind: Sie wollen und können dafür eigentlich nicht übermäßig viel Zeit investieren. Sie müssen schließlich noch einen Stapel Akten auf dem Schreibtisch abarbeiten, Überstunden machen, die Kinder verlangen ständig aufs Neue Ihre volle Aufmerksamkeit, Sie möchten eigentlich lieber mit Ihren

Freunden abends ausgehen, anstatt sich hinzusetzten, um lange Beziehungsratgeber zu lesen, aber ändern wollen Sie am jetzigen Zustand eigentlich schon etwas?

Auf den Punkt gebracht: Sie brauchen eine Bucketlist für sich und Ihren Partner. Mit wenig Zeitaufwand zu handfesten Ergebnissen gelangen, damit die Kommunikation und die Gemeinsamkeiten zwischen Ihnen beiden (wieder) aufblühen können.

Vorab müssen wir noch kurz klären, warum oder wie es so weit kommen konnte, dass Sie sich in Ihrer einst so harmonisch gefühlten und gelebten Partnerschaft inzwischen doch so alleingelassen fühlen, obwohl Ihr Partner eigentlich oft anwesend ist, zumindest körperlich. Warum könnte dieser Zustand der „Krise" immer anhaltender geworden sein? *(Krise = Höhepunkt einer unabwendbaren Lage)*

Sie dürfen wissen, dass solch Höhepunkte einer scheinbar unabwendbaren Lage, solche Krisen in der Partnerschaft, eigentlich sogar ab und zu erwünscht und wirklich in jeder Paarbeziehung hin und wieder normal sind. Beruhigender Weise sind Sie nicht die Ersten und werden ebenso wenig die Letzten sein, bei denen es temporär kriselt. Krisen sind wichtig. In Krisen überdenken wir uns und unser Umfeld und haben den Drang oder die Chance, dadurch Stück für Stück etwas zum Besseren zu bringen, aktuell Ihre Beziehung. Fazit: Aus jeder Krise gehen Sie gestärkt hervor und haben, hinterher betrachtet, sehr oft alte Verhaltensweisen (endlich) loslassen können, die Ihnen nicht mehr gutgetan haben, Ihnen nicht mehr dienlich waren.

In jeder Beziehung suchen Sie anfänglich nach Gleichheiten, nach identischen Verhaltensweisen und Interessen des Partners. Sollte sich die eine oder andere Diskrepanz auftun, ist diese schnell wieder unter den Teppich gekehrt und hinter der sogenannten rosaroten Brille der Verliebtheit verschwunden. Je mehr von der anfänglichen Gleichheit, die sich vermeintlich zeigt, umso mehr anerkannt, gesehen und nahe fühlen Sie sich von und mit Ihrem Partner. Wie wir diesen Zustand alle lieben. JA, Zustand! Wie albern sehen frisch verliebte Paare doch für „normal denkende" Menschen von außen betrachtet aus. Wie kindisch, überdreht und augenscheinlich realitätsfern kommt deren Verhalten bei anderen an, wenn Sie gerade in der außenstehenden Beobachterrolle sind? Mir fällt dazu nur kopfschüttelnd ein: Was für ein Zustand! Ein Zustand der Gleichheit, der rosaroten Brillenrealität und der Masken, die frisch verliebte Paare aufhaben! Dabei sind frisch Verliebte schon fast unschuldig und Opfer ihrer überschüssigen Hormone, welche im Zusammenspiel einen sehr gefühlsverwirrenden Cocktail ergeben und somit die eigentlichen Verursacher dieses „Zustandes" sind. Meistens lässt deren Wirkung nach ca. 3 Monaten etwas nach oder schon ganz nach, das ist auch wieder von Mensch zu Mensch oder Paar zu Paar unterschiedlich.

Diese Übeltäter und dafür verantwortlichen Hormone sind unter anderem: *Adrenalin,* welches nicht nur für das Kribbeln im Bauch zuständig ist, sondern mitunter ganz schön für innere Unruhe sorgen kann. Das Glückshormon *Dopamin,* welches Schlaflosigkeit oder Appetitlosigkeit zur Folge hat, deshalb auch der Spruch: „Man kann von Luft und Liebe leben!", wenn man zuweilen in der Verliebtheitsphase wenig Hungergefühl verspürt. Der Nervennährstoff *Neurotrophin* ist für die Steigerung der Euphorie zuständig. Das Hormon *Oxytocin* ist mitunter nicht nur das bekannte Wehenhormon, welches zu Geburtsbeginn bei einer Schwangeren ausgeschüttet wird, es beeinflusst ebenso das Vertrauen und die Bindung zweier sich nahestehender Menschen. *Serotonin* erhöht die Fixierung auf unseren Partner. Das mitwirkende *Testosteron* sinkt bei Frauen in dieser Phase und bei Männern steigt es, was bei beiden zu mehr Ausgeglichenheit führt und somit ebenso bei der Frau wie auch beim Mann die sexuelle Lust aufeinander erhöhen kann. Kommunikativer und extrovertierter sind die frisch Verliebten zu guter Letzt noch durch das Hormon *Vasopressin.*

Wer könnte also zwei Menschen der Gattung „Scheuklappen u. „rosarote Brille auf" lang anhaltend böse sein? Sie etwa? Ich jedenfalls nicht. Für diese Menschlein verspüre ich meist nur schmunzelnd etwas Mitgefühl. Ich denke dabei an das zuweilen unsanfte Erwachen, das all' den auf Wolke 7 Schwebenden noch bevorsteht, wenn sie sich zum ersten Mal nach der, wie eben beschriebenen, ersten Verliebtheitsphase langsam ihre Scheuklappen und rosaroten Brillen abnehmen, nicht mehr auf Wolke 7 schweben und auf dem Boden der Tatsachen angekommen sind. Dann fällt es beiden womöglich nicht mehr so leicht sich, wie erwähnt, täglich mit Gleichheit glänzend zu zeigen.

Immer öfter kann es vielleicht zu Missverständnissen kommen, die beiden Partnern in dieser Art und Weise gar nicht beabsichtigt passieren und selbst so noch nicht unterkommen sind. Den Partner falsch verstanden stehen zu lassen oder wortlos ins Bett zu gehen, könnte sich dann und wann vermehrt zeigen. Dabei hat meine Erfahrung deutlich gezeigt, dass ein altes

Sprichwort „die Bettdecke deckt alles zu" ganz und gar nicht zutreffend ist. Gehen Sie unverstanden ins Bett, können Sie mit ziemlicher Sicherheit sehr schlecht einschlafen oder durchschlafen. Am nächsten Morgen ist das Problem, egal welches, nicht verschwunden, sondern die Bettdecke deckt es wieder auf und es ist immer noch vorhanden. Kleiner Ratschlag nebenbei: Gibt es etwas zu klären, so sollte dies immer v o r dem Zubettgehen ausgesprochen werden! Dieses fördert Konfliktfähigkeit und zeitgleich ein besseres Ein- u. Durchschlafen in der Nacht für Sie und Ihren Partner.

Da Sie und Ihr Herzblatt höchstwahrscheinlich schon liebevoll auf dem Boden der Tatsachen angekommen sind und es vermehrt zu Missverständnissen kommen könnte, hier gleich die nächste Anregung, wenn Sie hierfür ein greifbares Beispiel immer wieder vor Augen haben möchten.

Dazu eignet sich wunderbar das Modell der *vier Seiten einer Nachricht* von dem 1944 in Soltau geborenen deutschen Kommunikationspsychologen „Friedemann Schulz von Thun". Noch nie davon gehört? Dann ist genau heute der richtige Zeitpunkt dafür.

Frauen (in unserem Beispiel: *Sender* der Nachricht) neigen dazu, viel zu viele Wörter zu nutzen – aus Männersicht. Männer (in unserem Beispiel: *Empfänger* der

Nachricht des Gesagten) neigen dazu, aus Frauensicht zu wenige Wörter zu verwenden, sprich: sich einfach zu wenig mitzuteilen.

Aber wann ist der richtige Zeitpunkt, um seine Wünsche und Anregungen auf die Tagesordnung zu bringen? Früher kamen die Männer von der Jagd zurück zum Unterschlupf oder der Höhle und haben sich ans Lagerfeuer gesetzt, den Flammen zugesehen und sich wortlos beim Knistern des brennenden Holzes entspannt und die erlebten Geschehnisse der Jagd für sich allein oder in der Männerrunde des Clans verarbeitet.

Was ist heutzutage anders? Eigentlich lustigerweise fast nichts! Die Männer kommen von der Arbeit nach Hause, setzen sich meist vor den Kamin und entspannen sich wortlos beim Knistern des brennenden Holzes oder sitzen stumm vor ihren ersatzweisen elektronischen Lagerfeuern wie Spielekonsolen, Computern oder Fernsehgeräten. Die Frauen hingegen müssen die Stille ertragen, obwohl sie doch so viel zu erzählen hätten und sich gern mitteilen würden, um ihren eigenen (Arbeits-) Tag verarbeiten zu können. Dabei ist es völlig egal, ob die Frau eine oder mehrere Arbeitsstellen hat oder 24 Stunden am Tag, 7 Tage die Woche ein kleines erfolgreiches Familienunternehmen als Hausfrau führt – *Frau* möchte reden, um verarbeiten zu können. *Mann* möchte schweigen.

Also, wie gesagt: Frauen reden gern lang und viel und sind aus Männersicht kaum noch auf einen, aus deren Blickwinkel, erträglichen Redefluss zu stoppen. Wenn Frauen einmal ihren Wasserfall aus Wörtern und Sätzen zum Sprudeln gebracht haben, ist er meist nicht mehr aufzuhalten und muss von den Männern ertragen werden. So etwas kann bei länger anhaltenden Komplikationen zu beiderseitiger Wut führen, die vom Gegenüber kaum nachvollziehbar und unverstanden im Raum stehen bleibt. Und Wut ist dabei schon eine sekundäre Reaktion. Die primäre Reaktion, die Vorstufe zur Wut, ist Enttäuschung. – wobei Enttäuschung, so unschön sie sich jedes Mal auch anfühlen mag, im eigentlichen Sinne etwas Positives sein kann. Sie wurden nämlich ent-täuscht.

Sie haben sich seither ein wenig ge-täuscht und dachten Sie, verstünden Ihren Partner, egal, bei welchen Themen. Nun, da Sie sich beide fühlbar immer weiter voneinander entfernt haben, merken Sie, dass Sie sich getäuscht haben müssen und die „Ent-Täuschung" tut erst einmal weh. Aber nehmen Sie diese daraus entstandenen Missverständnisse nicht persönlich, sondern versuchen Sie, diese neutral zu sehen und als Chance, sich (wieder) näherzukommen und um Ihren Partner wieder besser zu verstehen.

Tja. Bei solchen schon ewig vorherrschenden Gegebenheiten sind besagte Missverständnisse zwischen Sender und Empfänger vorprogrammiert. Neutrale Informationen, die rein auf Sachebene mitgeteilt werden wollten, werden auf der Beziehungsebene vielleicht persönlich genommen und es kommt zu Diskrepanzen. Und in häufigen Fällen ist es nun inzwischen so. Je mehr Zeit eine Beziehung „auf dem Buckel" hat, umso höher die Wahrscheinlichkeit, dass der Einzug des Alltags nicht ganz abwendbar ist. In einer neuen und ebenso gefestigten Partnerschaft, egal, an welchem Ort Sie wohnen oder wie Sie leben, ist es wichtig, *sinnvoll* Zeit miteinander zu verbringen. Das heißt auch „*Qualität*" sollte über „*Quantität* stehen.

Das bedeutet wie folgt, dass es nicht darauf ankommt, 5x die Woche zusammen als Paar etwas zu unternehmen oder sich immer ohne Komplikationen zu verstehen. Sondern, wenn Sie mit Ihrem Partner etwas unternehmen, dass Sie beide es vollkommen mit all Ihren Sinnen genießen und sich voll darauf einlassen können. Auch nach dem Motto: Weniger ist manchmal mehr.

So etwas Einzigartiges wie eine Paarbeziehung, jede für sich, kann, mit zu vielen Worten und zu viel Gerede, zu vielen Missverständnissen führen. Diese kann man mit einer knappen Bucketlist ganz einfach umgehen. Trotzdem, oder gerade deswegen zum Ziel kommen – Ruhe und wieder leichter, beschwingter, glücklicher und freier durch Ihr (partnerschaftliches) Leben gehen zu können, ist immer wieder betont das momentane Ziel. Und wenn Sie ein Ziel vor Augen haben, laufen Sie nicht planlos durch die Gegend des Beziehungsjungels. Mit einem Ziel, worauf man sich fokussieren kann, ist man motivierter, ebenso zielstrebiger und weiß, was man will. Und genau bei diesem für manche neuen Unterfangen möchte ich Ihnen mit diesem Buch Hilfe zur Selbsthilfe geben.

Bekanntlich ist jeder seines eigenen Glückes Schmied und nur SIE allein haben die Macht über sich selbst und Ihr Denken und Handeln. Egal, ob Ihre Beziehung eine Verbindung zwischen Mann & Frau ist oder gleichgeschlechtlicher Natur, diese Missverständnisse kommen in jeder Paarbeziehung auf, wenn man sich nicht jeden Tag aufs Neue ein wenig bemüht. Beziehung ist tägliche Arbeit an einem selbst – denn man kann nicht die anderen Menschen um einen herum und deren Verhalten ändern, man kann immer nur sich selbst und das eigene Verhalten ändern und sehen, wie negativ oder positiv die Umwelt darauf reagiert.

Eine einfache kurze Bucketlist zu erstellen ist der *Anfang*. Der Anfang, sich an das zu erinnern, weshalb Sie mit Ihrem Partner eine Beziehung eingegangen sind. Denn wie Sie richtig erkannt haben, ist JETZT der richtige Zeitpunkt, um wieder etwas für Sie beide zu tun, und es duldet keinen Aufschub mehr, keinen Tag später sollten Sie damit beginnen, sich zu erinnern, wer Sie sind und was Sie vom (Beziehungs-)leben eigentlich wollen.

Geben Sie nicht Ihrem Partner die alleinige Schuld daran, dass Sie sich gerade in den Wirren des Alltags aus den Augen verloren haben und meist nur noch nebeneinanderher leben, anstatt sich „zu sehen" und in einem Miteinander den Alltag zu erleben. Antoine de Saint-Exupéry, ein französischer Schriftsteller und Flieger, der 1900 geboren wurde, formulierte es einst in der Geschichte „Der kleine Prinz" sehr treffend: *„Man sieht nur mit dem Herzen gut, das Wesentliche ist für die Augen unsichtbar!"* Versuchen Sie, es ebenso wie der kleine Prinz es zu vermitteln angedacht hatte. Versuchen Sie wieder, Ihren Partner und Ihre gemeinsame Beziehung mit dem Herzen zu sehen.

Öffnen Sie sich erneut und durchbrechen Sie die Mauer, welche Sie im Laufe Ihrer Beziehung (meist unbewusst) um sich herum aufgebaut haben. Diese hat Sie seither einerseits gut geschützt, um nicht unnötig von Ihrem Partner verletzt zu werden, hat Sie beide aber auch andererseits weiter voneinander entfernt. Wahre Liebe besteht nicht aus Schmetterlingen im Bauch und dauerhaft rosa Wolkenwetter oder Sonnenschein. Sie besteht darin, sich aufeinander einlassen zu können, sich beim anderen fallen lassen zu können und, im Gegenzug dazu, selbst von Zeit zu Zeit die starke Schulter zu sein, die den Partner auffängt. Ja, auch Männer müssen weinen dürfen, aber dies auch erst wieder lernen, da Sie es entweder noch nie leben durften oder bis dato einfach verlernt haben.

Und es ist kein Zeichen von Schwäche, wenn Ihr Partner einfach so, ohne dass Sie es erwarten, zu weinen anfängt, wenn er in Ihren Armen liegt. Es ist ein wahres Zeichen von Größe und Vertrauen, die er Ihnen gegenüber zum Vorschein bringt. Es kostet jeden einzelnen Menschen mehr Kraft und Überwindung, zu weinen und im Allgemeinen seine ehrlichen Gefühle zu zeigen, als ständig allen die Maske des starken unantastbaren Individuums vorzuspielen.

Leben Sie es Ihrem Partner vor, wie es ist, sich selbst zu verändern. Denn wenn er sieht, welche kleinen oder sogar großen Dinge wie gefühlt von selbst geschehen können und wie selbstverständlich Ihnen das mit der Zeit alles von der Hand geht, um so motivierter wird er (unbewusst) sein, ebenso etwas an sich selbst zu verändern. Und als Hilfsmittel hierzu empfehle ich Ihnen, wie beschrieben eine Bucketlist zu erstellen.

WIE Sie beide das für sich und Ihre Beziehung gestalten, bleibt vollkommen Ihnen überlassen, denn der freie Wille des Einzelnen ist oberstes Gesetz – egal, in welchen Bereichen des Lebens! Soll es nun zuerst primär mal eine einmalige Liste sein, ohne Zeitlimit, wann die beiderseits notierten Punkte erfüllt oder erlebt werden sollten? Ist es eine Liste, die mit einer bestimmten Zeitangabe einhergeht, z. B. diese Liste sollte bis in drei Monaten erfüllt worden bzw. die Stichpunkte alle abgehakt worden sein? Haben Sie sich für eine Liste entschieden oder für zwei Listen, nämlich eine öffentliche und eine intime Liste? *(Lesen Sie mehr zu beiden Listenvarianten in der „Einführung").* Sind Sie beide sehr versiert am PC und erstellen leichter Ihre zwei oder vier Listen elektronisch? Oder sind Sie beide eher künstlerisch, kreative Menschen und basteln ein liebevoll gestaltetes Plakat mit Ihrer beider Wünschen und Zielen, um es dann an einem bestimmten Ort für Sie erinnernd und gut sichtbar aufzuhängen? Oder beziehen Sie vielleicht bei der Ideensammlung sogar Ihre Kinder ein, da diese meist noch sehr unbedarft und wahrheitsliebend sind? ... verkennen Sie als Erwachsene nicht, was wir von unserer Zukunft, unseren Kindern alles abschauen und wieder erlernen können!

Selbst wenn Ihre Beziehung sich schon so verfahren anfühlt, dass Sie kaum noch die Kraft dazu haben, sich eigene Stichpunkte und Wünsche zusammenzuschreiben, sind Sie hier richtig! Suchen Sie sich aus den in diesem Buch vorgeschlagenen Tipps einige heraus und beginnen Sie anfänglich einfach, diese versucht umzusetzen. Sollten Sie Gefallen daran gefunden haben und spüren, dass sich in Ihrer Beziehung leicht oder merklich etwas zum Besseren gewendet hat, so können auch Sie mit Ihrem Partner das Abenteuer einer gemeinsamen Bucketlist für Paare eingehen und im zweiten Schritt Ihre selbst gefundenen Punkte auf Ihre, vielleicht neue, Liste setzen.

Sollten Sie mit Ihrer besten Freundin, Ihrem besten Freund oder einer sonst beliebigen Person über diese Sache reden, da Sie Ihre neu gewonnene Hoffnung nicht ganz für sich behalten können, kann Folgendes sein: Die Person, welcher Sie die großartigen Neuigkeiten eines aufkeimenden Neuanfanges ganz aufgeregt erzählt haben, freut sich mit Ihnen und drückt Ihnen die Daumen, dass wieder alles annähernd so oder sogar noch schöner wird, als es am Beziehungsanfang bei Ihnen und Ihrem Partner war. Aber – es könnte genauso gut sein, dass ebendiese Person Ihres momentanen Vertrauens sehr skeptisch reagiert und Ihre ganz eigenen Erfahrungen, Gefühle und Meinungen zu dem Thema integrieren will.

In dem Fall rate ich Ihnen, nicht allzu sehr auf die Meinung dieser Person oder allgemein das Gesagte von Dritten zu geben. Keiner ist in IHRER Situation, keiner weiß, wie es sich wirklich anfühlt, keiner kann sich anmaßen, über Sie, Ihren Partner oder IHR Leben zu urteilen. Dazu passt ein indianisches Sprichwort: *„Urteile nie über einen anderen, bevor Du nicht einen Mond lang in seinen Mokassins gegangen bist!"* Damit ist gemeint, dass kein Mensch auf dieser Welt, der nicht mindestens einen Monat lang in Ihren Schuhen gelaufen ist, das heißt, nicht eins zu eins identisch Ihr Leben gelebt, erlebt und gefühlt hat, in der Lage sein wird, je über IHR Leben ein gerechtes Urteil zu fällen oder fällen zu können.

Sollte diese Vertrauensperson dann noch anfangen wollen zu erzählen, was sie „über Ihren Partner gehört hat", sollten Sie hellhörig werden. Lassen Sie sich niemals von anderen Menschen in Ihr Leben reden! Haben Sie diese Person trotz deren Skepsis gern, könnten Sie ihr erst mal kurz mit den Gegenfragen *der drei Siebe* des 399 v. Chr. In Athen gestorbenen griechischen Philosophen Sokrates entgegnen und das, was die Person gehört hat, bzw. Ihnen erzählen möchte, durch ein Sieb filtern, besser gesagt durch die besagten drei Siebe.

Fragen Sie nach, ob sich Ihr Gegenüber wirklich sicher ist, dass das, was es Ihnen erzählen will, wahr ist? Hat er es denn selbst gesehen oder nur gehört? Das wäre das Prinzip des ersten Siebes nach Sokrates, das Sieb der *Wahrheit*. Das Gesagte durch das zweite Sieb zu filtern, wäre das *Sieb der Güte*. Wäre es denn etwas Gutes, was Sie erzählt bekommen würden? – Und spätestens da wird die erzählende Person wahrscheinlich etwas ruhiger und nachdenklicher werden. Und wenn Sie dann noch ein letztes Mal entgegnen und nach der Art und dem Prinzip des dritten Siebes fragen, welches das *Sieb des Nutzens* ist, werden der Person vermutlich die Argumente langsam, aber sicher ausgehen. Fragen Sie, welchen Nutzen Sie von dem Gesagten hätten, ob es lebensnotwendig wäre oder Ihnen wirklich dienlich und nützlich sein würde.

Allerspätestens jetzt hätten Sie dem Skeptiker allen Wind aus den Segeln genommen, der jegliche Gerüchte, welche die Person in Bezug auf Ihren Partner verbreiten wollte, mit sich gerissen und weggeblasen haben dürfte.

Es ist tatsächlich vollkommen unbedeutend, w i e Sie und Ihr Partner auf einen gemeinsamen Nenner kommen. Und Sie sollten sich beide ebenso immer wieder vor Augen halten: Es ist „Ihre" gemeinsame Beziehung, die keinen anderen Menschen etwas angehen sollte und in die sich kein anderes Individuum drängen sollte, egal, aus welcher Motivation heraus!

Ich habe Ihnen nun ein paar Beispiele als Anregung genannt. Wichtig ist jedoch, d a s s Sie beide jetzt anfangen, sich in Bewegung zu setzen und es nicht mehr auf morgen oder nächste Woche verschieben. Dazu gibt es ein wundervolles Sprichwort: *„Was Du heute kannst besorgen, das verschiebe nicht auf morgen!"* oder auf Englisch: *„There`s no time like the present!"* sogar in Schweden wissen die Leute: *„Skjut inte upp till morgondagen det du kann göra i dag!"* Vom Schwedischen wortwörtlich ins Deutsche übersetzt, heißt es zwar: „Schieß nicht auf morgen, was Du heute machen kannst!", aber Sie müssen ja nicht alles gleich wortwörtlich nehmen. Denn so schnell „schießen die Preußen ja bekanntlich nicht!", erst einmal wird alles im Guten versucht und eigentlich gibt es für alles eine friedliche und für alle gut auszuhaltende humane Lösung. Nun genug der Zitate, Weisheiten und nützlichen Altertumsgeschichten. Sie haben mittlerweile, von Zeile zu Zeile, immer mehr Wissen und hilfreiche Dinge Ihrem eigenen Basiswissen hinzufügen können, sodass Sie jetzt wieder vollkommen in der Lage sind, sich nach ein paar Ausschweifungen, auf die Bucketlist-Punkte für die einzelnen Menschentypen zu konzentrieren. Mich persönlich macht es jetzt richtig neugierig darauf, zu welchen Menschentypen Sie sich generell hinzuzählen würden oder ob wirklich, wie angedacht, bei jeder Persönlichkeit ein paar Tipps für Sie und Ihren Partner unterstützend Hilfe zur Selbsthilfe geben werden.

Die Bucketlist

EINFÜHRUNG

Eigentlich passen, wie eben erwähnt, alle Tipps auf jeden Einzelnen von Ihnen und jeder kann sich die für sich passenden Stichpunkte bei den jeweiligen Menschentypen herausziehen, was ich Ihnen aus meiner Sicht auch raten würde. Vorab nur einmal erwähnt: Es ist nicht die Absicht, Menschen klischeehaft in Schubladen zu stecken und zu behaupten, sie würden nur in diese oder jene Charge passen. Jedes Menschlein passt nicht immer nur zu 100 % in eine Kategorie! Es ist auch nirgends festgeschrieben, dass jugendliche Menschen, Stadtmenschen, Land- u. Naturmenschen oder Menschen in der Blüte ihres Lebensherbstes so seien, wie nachfolgend beschrieben. Diese Aussagen basieren allein auf meinen Erfahrungen und

Aussagen von Menschen, die ich diesbezüglich nach deren Meinungen gefragt habe. Alles für Sie, damit Sie sich leichter tun und es in Ihrer Beziehung wieder besser geht, als es in der letzten Zeit der Fall gewesen sein könnte. Also seien Sie offen für Neues, offen für alles. Sie werden sehen, wie bereichernd es sein kann, wenn man mit der Zeit gelernt hat, ein wenig über den einem selbst altbekannten und vertrauen Tellerrand hinaus zu sehen. Nur ist, wie schon zu Anfang geschrieben, in der heutigen schnelllebigen Epoche kaum noch Zeit, um sich immer wirklich alles durchzulesen oder sich ausgiebig mit allem, was einen im Leben beschäftigt, bis ins kleinste Detail auseinanderzusetzen.

Deshalb und zum besseren Überblick für Sie gibt es hier folgend eine Unterteilung einiger Menschentypen, damit Sie schneller an die für Sie gewünschten Informationen herankommen und sich zu einem späteren Zeitpunkt, bei Bedarf, die anderen Typen ebenso intensiv zu Gemüte führen können.

Für alle hier gewählten Menschentypen gilt jedoch auch folgender Hinweis: „Unterteilen Sie Ihre Bucketlist in zwei maßgebende Listen!" Die eine Bucketlist bezieht sich auf *all' das Öffentliche*! Alltag und Freizeitangebote betreffend, egal, ob nur Sie beide diese oder jene Tätigkeit erleben möchten oder mit Familie und Freunden gemeinsam. – Die zweite Bucketlist ist *privat* und *NUR für Sie beide bestimmt.* Für alle intimen Punkte, welche Sie gern angesprochen oder gemeinsam erlebt haben möchten. Nicht nur Dinge, die Ihre beider „intime Aktivitäten" betreffend sind, sondern auch Dinge in Ihrem privaten Alltag, die nur Sie zwei beide etwas angehen. Denn, wie überall ist es auch hier wichtig, zu wissen, was Ihr Partner eigentlich möchte und was nicht.

Stellen Sie sich einige der *W-Fragen.* WAS bedeutet Beziehung für mich und WAS erwarte ich von einer Liaison? WELCHE Dinge möchte ich auf meiner Bucketlist stehen haben und WARUM? Und schließlich: WOMIT würde ich ein Problem haben? Es gibt bestimmt die eine oder andere Freizeitaktivität, welche Sie gern ausprobieren möchten, aber genauso welche, die sich für Sie oder umgekehrt für Ihren Partner nicht gut oder zu 100 % stimmig anfühlen wird.

Wichtig in einer Beziehung ist, wie schon erwähnt, Respekt zu haben. Dem geht immer voraus, auch zu wissen, welche Dinge Ihr Partner und auch Sie selbst nicht sehen oder erleben möchte. Also beherzigen Sie bei all Ihren Überlegungen immer die Wünsche Ihres Gegenübers. Egal, ob diese sich für Sie im ersten

Moment positiv oder negativ anhören oder anfühlen mögen.

„I am ready to accept and recieve miracles beyond what I´ve ever experienced!" (dt. „Ich bin bereit, Wunder zu akzeptieren und zu empfangen, die über das hinausgehen, was ich je erlebt habe!") Nehmen Sie sich diesen Satz immer wieder für sich selbst her. Lesen und sich Ihnen immer und immer wieder vorsagen. Sich Glaubenssätze immer wieder vorzusagen oder aufzusagen, nennt man „Affirmation". Nehmen Sie sich diese oder eine andere beliebige für sich passende und motivieren Sie sich damit immer wieder aufs Neue. Egal, ob Ihr Partner noch von der Idee einer gemeinsam erstellten Bucketlist zu überzeugen ist oder andere Widersacher im ersten Atemzug gegen Sie sprechen, gehen Sie in sich und affirmieren Sie. Werden Sie zu einem Menschen, der in der Lage dazu ist, das Glas immer halb voll zu sehen, nie mehr halb leer. Sehen Sie in allem, was Ihnen widerfährt, die Chance etwas Neues, Besseres und für Sie stimmig Anfühlenderes zu erstellen und auch zu erreichen. Sie haben die Energie dafür vor einiger Zeit nur in einer inneren Schublade versteckt. Holen Sie sie wieder zum Vorschein und machen Sie etwas daraus. Ich glaube an Sie, also wissen Sie von sich schon länger, was eigentlich in Ihnen steckt! Sie dürfen Ihre Power und positive Energie nun endlich wieder zum Vorschein bringen und sich selbst erlauben, der Welt und Ihrem Partner zu zeigen, wie toll Sie sind und was für eine Bereicherung es ist, mit Ihnen das eigene Leben teilen zu können und zu dürfen.

Nun noch eine kleine Anregung für Sie, welche ich Ihnen empfehlend mit auf den Weg geben möchte, bevor Sie mit dem Erstellen Ihrer persönlichen Löffelliste beginnen werden. – Ich würde Ihnen raten, als ersten Schritt, allein für sich Stichpunkte dafür zu sammeln und gegebenenfalls zu jedem Stichpunkt dazuzuschreiben, weshalb Sie dieses oder jenes gern (wieder) mit Ihrem Partner gemeinsam erleben möchten. Ebenso sollte Ihr Partner das Gleiche für sich allein zu Papier bringen oder am Computer verfassen, je nachdem, womit es ihm mehr zusagt. Erfahrungsgemäß ist es bedeutsam, sich, wie gesagt zuallererst, mit sich und den eigenen Wünschen zu befassen und dann mit denen des Partners. Denn wie soll Ihr Partner wissen, was Sie möchten, wenn Sie selbst es noch nicht einmal wissen?! Deshalb erst die Einkehr ins eigene Innere, Bedürfnisse herausfinden und folgend dann danach mit dem Partner ins Gespräch kommen und sich nun auch für seine Notizen interessieren.

Auf dieses Prozedere folgt dann die Absprache mit den Interessen Ihres Partners. Wichtig dabei ist, sich gegenseitig zuzuhören. Beim „aktiven Zuhören" (= den anderen immer ausreden lassen und ihm nicht ins Wort fallen) werden Sie sich beide wieder oder noch besser kennenlernen. Kompromisse eingehen, wenn man bei dem einen oder anderen Punkt nicht auf einen gemeinsamen Nenner kommen sollte, und immer Respekt voreinander haben. Das ist fast schon ein ungeschriebenes Gesetz. Denn wie steht schon eins der Grundprinzipien der Ethik in der Lutherbibel 2017 unter Tobit 4,15 geschrieben *„Was Du nicht willst, das man dir tu', das füg' auch keinem andern zu!"* Oder wie „Erich Pinchas Fromm", ein deutsch-US-amerikanischer Sozialpsychologe, Philosoph und Psychoanalytiker, seiner Zeit interpretierte: *„Was Du anderen antust, das tust Du auch Dir selber an!"* Dieser, am 23. März 1900 in Frankfurt am Main geborene und am 18. März 1980 in Muralto (Schweiz) gestorbene Mann, wusste schon vor so vielen Jahren, dass wir im allgemeinen Umgang miteinander respektvoller sein sollten und uns auch im jeweiligen Gegenüber wiederfinden können, vorausgesetzt, wir schaffen es, uns darauf einzulassen und uns stur bekannte Pfade ein wenig zu verlassen. Nicht gleich alle auf einmal, aber voller Vertrauen langsam und stetig immer ein wenig mehr.

Wir haben in unserem Technikzeitalter gelernt, wie man via Computer oder Handy kommuniziert. Sie, wie wahrscheinlich die meisten von uns, kennen virtuell verschickte Abkürzungen und stichpunktartige Antworten, welche es zum Zeitalter der Briefkommunikation in diesem Ausmaß noch nicht wirklich gegeben hat. Dieses erlernte Wissen können Sie sich nur beim Erstellen Ihrer Bucketlist zunutze machen. Stichpunkte als Basisträger vereinfachter verbaler Kommunikation mit dem Gegenüber.

Sie haben das Wissen darüber auch gewissermaßen eigentlich mit in die Wiege gelegt bekommen, und zwar angesichts der Tatsache, dass Ihre Eltern damit aufgewachsen sind. Oder Sie leben alltäglich damit, konfrontiert auf Werbeplakaten in der Stadt. Möglicherweise haben Sie das eine oder andere von Ihren Enkeln oder jüngeren Bekannten aufgeschnappt, wenn Sie sich im blühenden Herbst Ihres Lebens befinden und noch nicht ganz so versiert sind mit der neueren Elektronik und der dazugehörigen Kommunikationsart und -weise. Egal, wie, Sie können es.

Also nutzen Sie jetzt Ihr Potenzial und los geht's!!!

JUGENDLICHE MENSCHEN

Definition

Ob man ein jugendlicher, heranwachsender Mensch ist, wird rechtlich meist über das Alter definiert. Allein in Europa zum Beispiel ist dies in jedem Land anders geregelt. In Bulgarien ist man vom 14. bis 18. Lebensjahr ein Jugendlicher. In Estland ist man laut § 2 deren Kinderschutzgesetzes ein Kind bis zum 18. Lebensjahr. In Deutschland hingegen zählt man zwischen dem 14. und 17. Lebensjahr als jugendlicher Mensch.

Was unser Thema anbelangt, lassen wir die rechtliche Gliederung der jugendlichen Menschen außen vor und beziehen uns auf die jungen, heranwachsenden Menschen, die ihrer pubertären Selbstfindungsphase meistens gerade erst entwachsen sind und sich vielleicht jetzt in diesem Augenblick in Ihrer ersten „richtigen" Beziehung befinden.

Für Sie, liebe junge Menschen, gebe ich zu Anfang den Rat: Sie sind nun keine Kinder mehr, Sie befinden sich auf dem Weg zum Erwachsensein und würden bestimmt gern auch endlich so wahrgenommen werden, habe ich recht? Schon, oder? Dann wird es nämlich Zeit für Sie, sich auch so zu verhalten. Respektvoll und doch bestimmend Ihre Meinung kundzutun. Bei Ihnen, lieber jugendlicher Mensch, ist es meistens, oder noch nicht jedes Mal leicht, zwischen Trotz gegen elterlich erwachsene Ratschläge oder Meinungen und Meinungsaustausch auf „gleicher Augenhöhe" zu unterscheiden. Auch wieder richtig erraten?

Sie sind nicht mehr das Kind, welches sich und seine Bedürfnisse vor dem vor ihm stehenden Erwachsenen behaupten muss. Sie sind jetzt in einer Beziehung und dürfen lernen, mit Ihrem Partner auf gleicher Augenhöhe Meinungsaustausch und das Miteinander-zu-Leben zu praktizieren. Sie dürfen mir glauben – manche Menschen haben in der Pubertät mit diesem Lernprozess angefangen und sind trotz ihres hohen menschlichen Alters immer noch dabei zu üben, wie etwas Derartiges funktioniert. Deshalb mein Tipp: Fangen Sie gleich jetzt damit an und es wird Ihnen von Mal zu Mal einfacher von der Hand gehen. Ganz nach dem Motto: Erwachsen werden ist nicht schwer, erwachsen sein und bleiben hingegen manchmal sehr. Aber das müssen Sie ja nicht. Einen gewissen inneren kindlichen Funken, ein Gefühl von Freiheit und Unverdrossenheit darf und sollte sich jeder zeitlebens tief im Herzen bewahren. Nur wann Sie diesen inneren Funken zum Vorschein bringen sollten oder können, das dürfen Sie mit dem stetigen Erwachsenwerden von

Mal zu Mal eben noch ein wenig üben. Sie wissen ja, alles braucht seine Zeit und es ist noch kein Meister vom Himmel gefallen.

Vieles in Paarbeziehungen entwickelt sich langsam und mit der Zeit. Jede solide Paarbeziehung kann nur stabil werden und die Stürme des Alltags mehr oder weniger unbeschadet überstehen, wenn sie auf einem starken und ehrlichen Fundament aufgebaut ist. Deshalb ist ein leicht zu bewerkstelligender Anfang gemacht, wenn Sie sich mit Ihrem Partner eine gemeinsame Löffelliste erstellen. Sie werden sehen, einem intensiven Kennenlernen steht nun nichts mehr im Wege. Nicht mehr haltlos und verloren fühlen, sondern eine immer wieder Halt gebende Bucketlist führen.

Tipps für Ihre Bucketlist, wenn Sie sich als „jugendlichen Menschen" wahrnehmen

Folgende Dinge können Sie als anregende Inspiration sehen und bei Bedarf zu Ihrer persönlichen Bucketlist noch erweiternd hinzufügen.

Gemeinsamer Kinoabend zu Hause z. B. mit vorher zu zweit selbst gemachtem Popcorn, Cocktailabend zu zweit oder mit Freunden, zum Sport gehen (gleiches Fitnessstudio, Tennis, Kletterpark, Kartfahren usw.), sich gegenseitig Dinge zeigen (z. B. der eine, welcher besser mit dem Computer arbeiten kann, zeigt dem anderen Tipps und Tricks zu PC-Dingen), regelmäßige Redezeiten einführen (um sich in Ruhe Stück für Stück besser kennenzulernen), auf Konzerte gehen, ins Kino gehen, gegenseitige Rückenmassage (bringt Sie einander näher und lässt Sie Ihren Partner [trotzdem] fühlen, gerade wenn Sie noch nicht bereit sind, weitere intime Schritte zu gehen ...), Vorlieben des anderen kennenlernen (betreffend der Vorlieben in allen Lebensbereichen unter anderem z. B. Lieblings-Essen/Trinken/Farbe/Sport usw.), gemeinsame Besuche von Freizeitparks (um zusammen Spaß zu haben und das Kind in Ihnen doch noch etwas ausleben zu können ...), Pflicht- oder Wahrheit zu zweit spielen, Eis essen gehen, miteinander in die Disco gehen ... um nur einige von so vielen Möglichkeiten zu erwähnen, die einem zur Verfügung stehen – zum noch aufschlussreicherem Kennenlernen seiner liebgewonnenen besseren Hälfte.

Natürlich kann sich kein Mensch nur in einer Klassifizierung wiederfinden, weshalb Sie sich unbedingt die anderen Menschentypen gleich jetzt im Anschluss an Ihren favorisierten Typen zu Gemüte führen sollten. Durch noch mehr Anregungen und vorgeschlagene Möglichkeiten bereichern Sie Ihr nun schon umfangreiches Wissen gleich noch um ein Vielfaches mehr.

STADTMENSCHEN

Definition

Jemand, der in der Stadt aufgewachsen ist oder sich dort niedergelassen hat oder vom Leben in der Stadt geprägt ist. Veraltet, aber auch etwas abwertend: Städter, Stadttussi, Stadtpomeranze etc.

Hier liegen die Interessen eventuell mehr im technologischen Gebiet oder bei Modeerscheinungen in sämtlichen Lebensbereichen, da der Stadtmensch einfach mehr „up to date" sein könnte. Veranstaltungen und damit verknüpfte größere Menschenansammlungen werden sich für den Stadtmenschen als „normal" anfühlen, kurz gesagt: Die Interessen der Stadtmenschen werden sich wohl am meisten von denen des Land- und Naturmenschen unterscheiden können. Des Weiteren wird sich beim Stadtmenschen eine gewisse „Schnelllebigkeit" feststellen lassen. Das heißt, man kann spontaner reagieren und zum Beispiel schneller zum nächsten Restaurant gelangen oder von da aus zum nächsten Etablissement, sollten bei der ersten Location keine Plätze mehr frei sein. Der Stadtmensch kommt selbst ohne eigenes Fahrzeug schneller von Ort A nach Zielort B, da es in der Stadt meist eine dichtere Masse an Angeboten der öffentlichen Verkehrsmittel gibt als zum Beispiel in ländlicheren Gegenden.

Tipps für Ihre Bucketlist, wenn Sie sich als „Stadtmenschen" wahrnehmen

Folgende Dinge können Sie als anregende Inspiration sehen und bei Bedarf zu Ihrer persönlichen Bucketlist noch erweiternd hinzufügen.

Erkunden Sie die Sehenswürdigkeiten Ihrer eventuell gemeinsamen Heimatstadt oder zeigen Sie diese Ihrem Partner, sollte er nicht gebürtig aus derselben Stadt sein wie Sie. Denn wie viele wissen, existieren die Sehenswürdigkeiten der eigenen Stadt meist nebenher, einfach wie selbstverständlich, aber ebenso unbemerkt für ihre Bewohner – erkunden Sie gemeinsam Ihre Heimat. Wollen Sie wieder die gleichen Schmetterlinge fühlen wie beim Kennenlernen zu Anfang Ihrer Beziehung? Und egal, ob Sie noch getrennt wohnen oder schon zusammen: Sie können sich bei einem Online-Dating verabreden! Schon mal daran gedacht? Entweder nur jeder von seinem eigenen elektronischen Endgerät aus in verschiedenen Zimmern oder sogar nebeneinander auf dem Sofa sitzend, eben nur nicht redend, sondern schreibend.

Und wollen Sie es ganz besonders prickelnd und geheimnisvoll gestalten, verwenden Sie Nicknames für sich selbst und verabreden Sie sich zum Beispiel online zu einem Abendessen. Ein Essen in einem Restaurant, welches Sie beide bestenfalls noch nicht kennen oder in der Vergangenheit noch nie zusammen besucht haben. Spielen Sie mit vorher ausgemachten Erkennungszeichen, wie der klassischen roten Rose oder einem anderen vorher bestimmten Merkmal.

Reden Sie sich so an, als ob Sie sich zum ersten Mal treffen, ein Blinddate sozusagen. Spielen Sie diese Rollen, solange es Ihnen beiden wohltut. Sie werden sehen, wie aufregend es sein kann, vielleicht doch noch bislang unentdeckte Seiten an Ihrem Partner entdecken zu können.

Im Stadtpark spazieren gehen. Kinos besuchen. Gemeinsam ehrenamtlich tätig sein, z. B. bei einer Essensausgabe für obdachlose Menschen oder Gassi gehen mit Hunden aus dem Tierheim. Zusammen die Innenstadt sauberer bekommen und z. B. bei der Städtereinigung nachfragen, ob und wie man eventuell Müllsammelaktionen machen kann, um der Umwelt etwas Gutes zu tun, das optische Städtebild zu verbessern und um vielleicht einmal etwas

Außergewöhnlicheres zu unternehmen, was Sie sonst nicht alltäglich auf Ihrer To-do-Liste stehen haben.

Wenn eine Renovierung ansteht, gemeinsam durch Baumärkte und Einrichtungsgeschäfte schlendern, um sich Inspirationen zu holen und um herauszufinden, wie Ihrer beider Einrichtungsgeschmack und Wohnstil eigentlich zusammenpasst oder noch besser harmoniert. Zum genannten Renovieren und für Ihre Wohlfühlatmosphäre hinterher habe ich ein kleines Hintergrundwissen zum Thema Farben und deren Wirkung für Sie: Je nachdem, welches Zimmer Sie eventuell renovieren möchten, ist eine andere Energie in Form einer jeweils individuellen Farbe vorherrschend. ROT steht sinnbildlich für Leidenschaft, Freude, Macht und Leben, spirituelle Stärke und Energie. ORANGE für Harmonie, Heiterkeit, Kunst, Schönheit, Vertrauen, Hingabe und Einsicht. GELB steht sinnbildlich für Wille, erworbenes und erlerntes Wissen, Lachen und Ehrgeiz. GRÜN für Wachstum, Heilung, Erdbewusstsein und Regeneration. BLAU steht sinnbildlich für Glauben, Schutz, Geduld, Ruhe, Intuition und Hingabe. VIOLETT für Magie, Verwandlung und neues Wachstum. MAGENTA ist steht sinnbildlich für Aufbruch bzw. rigide Muster durchbrechen und steht für Wandlung.

Für jede der aufgezählten Farben gibt es auch noch eine sogenannte „Komplementärfarbe", sprich genau die gegenteilige Farbe. Verwendet man aber beide zusammen z. B. in einem Raum, wirken sie trotz der Unterschiedlichkeit und der gegensätzlichen Farbenpracht perfekt zusammen. ROT–GRÜN, ORANGE–BLAU, GELB–VIOLETT, MAGENTA–HELLGRÜN, ebenso die SCHWARZ–WEIẞ, wenn auch nicht oben aufgeführt. Diese Farben sind wie Sie und Ihr Partner – genau das Gegenteil und doch zusammen so harmonierend gleich. Das nur kurz als tangierender Ausflug für Sie in den Bereich der Farbenlehre. Somit müssen Sie nicht lange in Renovierungsratgebern stöbern, sondern können alsbald mit einem gemeinsamen Projekt der Renovierung beginnen, falls Sie sich diesen Punkt auf Ihre Bucketlist setzen möchten.

Konzerte besuchen, zur Kirmes oder Volksfesten gehen, verkaufsoffene Sonntage durch die Geschäfte bummelnd genießen. Einfach mal ein Tagesticket für zwei ziehen und zusammen U-Bahn, S-Bahn oder Straßenbahn fahren, um die anderen Menschen in ihrer Hektik ein wenig beobachten zu können oder um einmal in Ruhe und bei guten Gesprächen die eigene Stadt ein wenig mehr erkunden zu können. Museumsbesuche, Kunstausstellungen besichtigen oder sich gemeinsam bei einem Kochkurs in einem der unzähligen Restaurants in der Stadt anmelden. Mit beidseitigem Interesse noch andere Kurse besuchen zu Themen, die Sie beide interessant finden würden: malen, Fremdsprachen erlernen, nähen oder Computerkurs. Egal, welche Art des Kurses Sie sich aussuchen, machen Sie es mit Ihrem Partner gemeinsam, nie allein und der andere muss dann mit.

Die meisten Städter haben komfortable Wohnungen, jedoch keine Grünanlage(n) drum herum. Der Stadtmensch braucht als Ausgleich zu Abgasdüften und Hektik zuweilen die Natur und deren Ruhe. Genießen Sie diese Ruhe mit Ihrem Partner zusammen und setzen Sie regelmäßige Spaziergänge im Stadtpark auf Ihre Bucketlist. Oder einer von Ihnen oder Sie beide zusammen sind in der glücklichen Lage, einen Gartenanteil in der Schrebergartenkolonie Ihrer Stadt ergattert zu haben. Dann setzen Sie, meine dringende Empfehlung, regelmäßige Besuche Ihres Gartens auf Ihre Liste, sollte Ihr Partner das auf seiner vergessen haben zu notieren. In der Natur findet der Mensch zu sich und zu seinem Ursprung. Hier werden auch viel beschäftigte, industriell geprägte Menschen, die in der Stadt aufgewachsen sind, wieder ein wenig ruhiger und in sich gekehrter. Vielleicht beschließen Sie auch, Ihre regelmäßigen gemeinsamen Besprechungen in Ihrem Gartenabteil, im Gartenhaus oder auf einer Decke im weichen Gras zu machen. Ebenso ist dies im Stadtpark mit Picknickdecke und ein wenig Abgeschiedenheit der meist typischen Asphaltromantik der Stadt möglich.

Oder Sie verkleiden sich und gehen zur einen oder anderen Wohnungsbesichtigung. Geben Sie sich als frisch verliebtes Paar aus und machen sich einen Spaß daraus, sich in der Gruppe der wohnungsbesichtigenden Menschen als verrücktes Turteltauben-Pärchen darzustellen.

Natürlich kann sich kein Mensch nur in einer Klassifizierung wiederfinden, deshalb sollten Sie sich unbedingt die anderen Menschentypen (Jugendliche, Land- u. Naturmenschen, Menschen mit Kindern oder im blühenden Herbst Ihres Lebens) gleich sofort im Anschluss an Ihren favorisierten Typen zu Gemüte führen. Durch noch mehr Anregungen und vorgeschlagene Möglichkeiten bereichern Sie Ihr nun schon umfangreiches Wissen gleich noch um ein Vielfaches mehr.

LAND- UND NATURMENSCHEN

Definition

Jemand, der auf dem Land aufgewachsen ist oder sich dort niedergelassen hat oder vom Leben auf dem Land oder dem Dorf geprägt ist. Veraltet, aber auch etwas abwertend: Ländler, Landei, Landpomeranze, Provinzler(in)

Bei Land- und Naturmenschen gestaltet sich das Paarleben wahrscheinlich etwas ruhiger oder zumindest nicht so schnelllebig wie eventuell bei den Stadtmenschen. Menschen, die naturnäher leben und noch nicht ganz im Wandel der Zeit mitschwimmen, leben mutmaßlich auch noch etwas kulturell traditioneller. Das heißt, dass sich das freizeitliche Privatleben bestimmt öfter in Vereinen abspielen könnte, wie z. B. den Schützen-, Fußball-, Tennis-, Turn- und Sportvereinen, oder naturnahen Vereinen, wie dem Obst- u. Gartenbauverein, Tauben- oder Kaninchenzüchterverein usw. Alle jetzt beim Namen zu nennen, würde jedoch den Rahmen sprengen.

Ebenso werden in Dörfern und auf dem Land von den dort lebenden Menschen in der Regel die alten Traditionen und von Generation zu Generation überlieferten Bräuche noch mehr gepflegt, als es zum Beispiel in städtischen Regionen der Fall sein dürfte.

Tipps für Ihre Bucketlist, wenn Sie sich als „Land- und Naturmensch" wahrnehmen

Folgende Dinge können Sie als anregende Inspiration sehen und bei Bedarf zu Ihrer persönlichen Bucketlist noch erweiternd hinzufügen.

Es wird z. B. weniger Veranstaltungen wie Konzerte, Kirmes oder Volksfeste geben als im städtischen Gebiet. Deshalb mein Tipp: Nutzen Sie einfach den Jahreszeiten entsprechend die fast gleichnamigen Jahreskreisfeiern wie: Fasching oder Karnevalsveranstaltungen, Osterfeuer, Traditionsveranstaltungen rund um die Walpurgisnacht bzw. das Maibaumaufstellen und viele mehr. Kirchweihbesuche, Beachpartys am örtlichen Badeweiher, Marktbesuche oder sogar zusammen einen Stand auf einem der unzähligen Dorfmärkte zu haben. Miteinander älteren Dorfbewohnern Nachbarschaftshilfe anzubieten, das stärkt den Zusammenhalt – um zur Anregung jetzt nur einige wenige aufzuzählen.

Sie können picknicken gehen, Radtouren, Spaziergänge und Wanderungen machen. Gemeinsame Gartenarbeit, Obst- und Gemüse anpflanzen oder aussähen. Früchte- u. Beeren ernten, um sie einzumachen

(Marmelade, Gemüsegläser etc.). Sehenswürdigkeiten des Ortes besuchen und vieles mehr. (Lesen Sie noch eine Vielzahl an Vorschlägen hierzu unter dem nachfolgenden Punkt: *„Ausflugs- u. Aktionstipps, für die Sie kein Geld bezahlen müssen"*). Rollschuhlaufen oder Inliner fahren.

Natürlich kann sich kein Mensch nur in einer Klassifizierung wiederfinden, deshalb sollten Sie sich unbedingt die anderen Menschentypen (Jugendliche bzw. Stadtmenschen, Menschen mit Kindern, Menschen im blühenden Herbst Ihres Lebens) gleich jetzt im Anschluss an Ihren favorisierten Typen zu Gemüte führen. Durch noch mehr Anregungen und vorgeschlagene Möglichkeiten bereichern Sie Ihr nun schon umfangreiches Wissen gleich noch um ein Vielfaches mehr.

MENSCHEN MIT KINDERN

Definition

Menschen mit Kindern können sein: Eltern, Großeltern, die ihre Enkel im eigenen Haushalt (mit)erziehen, Pflegeeltern, Menschen, die die Vormundschaft für noch nicht ganz volljährige Kinder und Jugendliche übernommen haben, usw.

Tipps für Ihre Bucketlist, wenn Sie sich als „Menschen mit Kindern" wahrnehmen

Folgende Dinge können Sie als anregende Inspiration sehen und bei Bedarf zu Ihrer persönlichen Bucketlist noch erweiternd hinzufügen.

Gemeinsam mögliche „Babysitter" notieren, auf welche bei Bedarf immer wieder einmal zurückgegriffen werden kann – und diese dann vorab auch schon in Kenntnis setzen bzw. fragen, ob sie jeder Zeit, gegebenenfalls ohne Verzögerung, zur Stelle wären. So vermeiden Sie unnötige Komplikationen und können sich ebenso geplant wie auch spontan Zeit füreinander nehmen.

Einen Freizeitpark besuchen *(weg vom Alltagstrott und Kinder sind mit eingebunden)*, Eis essen gehen, Kino besuchen, Abenteuerspielplätze bzw. größere Spielplätze unsicher machen *(Kinder können sich austoben, während Sie zwei beide die Zeit nutzen können, um Gespräche zu führen)*, Fernsehgerät aus dem Schlafzimmer verbannen *(das Handy ist „Liebestöter" genug, da muss es nicht auch noch der TV sein. Das Schlafzimmer ist für erholsamen Schlaf oder Zweisamkeit vorhanden)*, Fernsehabende mit den Kindern *(Familiennähe auf dem Sofa und gemeinsames Lachen kann auch Ihre Paarbeziehung wieder festigen)*, Radtouren, feste

Gesprächszeiten „Meetings" festlegen *(z. B., wenn die Kinder im Bett sind, sich gemeinsam vor den Kamin oder auf den Balkon setzen und einfach mal ungestört über Gott und die Welt reden)*, ...

Ein weiterer Punkt, der bei Menschen mit Kindern meistens mit der Zeit aufkommt, ist, dass jeder der Partner für sich ein Hobby gefunden hat und dieses normalerweise auslebt oder tätigt, wenn der oder die andere zu Hause auf die Kinder aufpassen darf. – Wie wäre es, wenn Sie sich einmal, dank eines zuvor schon organisierten Babysitters, auf das Hobby Ihres Partners einlassen und ihn beim nächsten Mal begleiten? Sollte er im Schützenverein sein, fragen Sie ihn, ob er Ihnen zeigen könnte, wie man sich korrekt in Position bringt, warum man einen Handschuh tragen sollte oder ob es wichtig ist, eine ruhige und konzentrierte Grundhaltung zu haben. Ist er begeisterter Tennisspieler, Sie jedoch wissen lediglich, dass es ein Sport mit Schläger und gelben Ball zu sein scheint: Fragen Sie ihn, ob er Sie auch einmal ein paar Aufschläge machen lässt, nur um zu wissen, wie es sich anfühlt und warum Ihr Partner so begeistert von seinem Sport ist. Ist sie jedoch 1x die Woche im Zumba- oder Yogakurs, lassen Sie die Kinder beim Babysitter und gehen Sie mit. Eine „Probestunde" ist meist kostenlos und Sie können eine ganze Unterrichtsstunde am eigenen Leib erfahren, wie sich Ihre bessere Hälfte fühlt und warum es für sie ein anstrengender, aber sich positiv auswirkender Ausgleich für ihren Alltag ist.

Natürlich kann sich kein Mensch nur in einer Klassifizierung wiederfinden, deshalb sollten Sie sich unbedingt die anderen Menschentypen (Jugendliche, Stadt-, Land- u. Naturmenschen, Menschen im blühenden Herbst Ihres Lebens) gleich jetzt im Anschluss an Ihren favorisierten Typen zu Gemüte führen. Durch noch mehr Anregungen und vorgeschlagene Möglichkeiten bereichern Sie Ihr nun schon umfangreiches Wissen gleich noch um ein Vielfaches mehr.

MENSCHEN IM BLÜHENDEN HERBST IHRES LEBENS

Definition

Synonyme für den Herbst des Lebens sind unter anderem: fortgeschrittenes Lebensalter, Rentenalter, Lebensabend.

Dieses Thema greift der österreichische Lyriker Rainer Maria Rilke (*04.12.1875 – 29.12.1926) passend auf, als er am 21.09.1902 in Paris seine Gedanken zum

Herbst des Lebens als sein berühmtes Gedicht „Herbst-tag" verfasste und niederschrieb:

„Herr, es ist Zeit. Der Sommer war sehr groß. Leg Deinen Schatten auf die Sonnenuhren und auf den Fluren lass die Winde los. Befiehl den letzten Früchten voll zu sein, dränge sie zur Vollendung hin und jage die letzte Süße in den schweren Wein. Wer jetzt kein Haus hat, baut keines mehr. Wer jetzt allein ist, wird es lange blei-ben, wird wachsen, lesen, lange Briefe schreiben und wird in den Alleen hin und her unruhig wandern, wenn Blät-ter treiben."

Rainer Maria Rilke brachte auf seine Art und Weise alle Punkte des reiferen Alters metaphorisch gut ein, wobei der Ansatz dessen in eine, meiner Meinung nach, etwas melancholischere Richtung schlägt.

SIE jedoch, Sie fühlen sich noch nicht, als seien Sie im fortgeschrittenen Lebensalter oder gar an Ihrem Le-bensabend. Nein – SIE fühlen den blühenden Herbst Ihres Lebens in Ihren Adern pulsieren, sprühen meist vor lauter Energie und können nicht verstehen, wenn andere Menschen gleichen Alters, sich hinter klischee-haftem Pullover-Stricken, Kreuzworträtseln oder stun-denlangem Zeitunglesen im eigentlich schon längst ausgedienten Ohrensessel verstecken, richtig?!

Dann gratuliere ich Ihnen und beglückwünsche Sie dazu, sich für das richtige kleine Helferlein entschieden zu haben, nämlich dieses wundervolle Buch, das zum Schmunzeln und auf humorvolle Art ebenso zum Nachdenken anregen kann und soll. Um Ihre eventuell in die Jahre gekommene oder leicht eingestaubte Partnerschaft ebenso erblühen lassen zu können wie sich selbst, kann ich Ihnen nur ans Herz legen, sich Zeile für Zeile einzuverleiben und vielleicht bei einer schönen Tasse heißem Tee vor dem Kamin oder auf der Veranda bei einem kühlen Glas sprudelnder Limonade zu genießen, wie Sie mit Leichtigkeit Ihr Wissen unbeschwert erweitern und davon profitieren können.

Tipps für Ihre Bucketlist, wenn Sie sich als „Menschen im blühenden Herbst Ihres Lebens" wahrnehmen

Folgende Dinge können Sie als anregende Inspiration sehen und bei Bedarf zu Ihrer persönlichen Bucketlist noch hinzufügen.

Ganz zu Anfang sollten Sie sich Zeit nehmen, um Ihre Gedanken schweifen lassen zu können, bevor Sie starten, Dinge zu notieren bzw. Ihre Liste zu erstellen. Schöpfen Sie aus Ihrem eigenen Erfahrungsschatz und erinnern Sie sich an all Ihre Beziehungen, oder auch

wieder Frische in Ihrer Partnerschaft genießen. (Sehen Sie hierzu auch Tipps zur Auswahl der passenden Wand- oder Möbelfarben, drei Kapitel weiter oben bei „Tipps für die Bucketlist von Stadtmenschen)

Aber eigentlich wissen Sie, egal ob Sie Mann oder Frau im blühenden Herbst Ihres Lebens sind, selbst sehr gut, was Sie möchten und was nicht. Das haben Sie erstens im Laufe Ihres bisherigen Lebens herausfiltern können und zweitens, wie gesagt, durch die besagten W-Fragen bestimmt schon zum größten Teil beantwortet bzw. in Ihrer persönlichen Bucketlist aufgeschrieben. Wenn Sie sich nun einige Dinge aus Ihrer Vergangenheit notiert haben, welche Ihnen wirklich gutgetan haben, haben Sie jetzt die Möglichkeit, sich noch ein paar Anregungen zur Vervollständigung Ihrer Bucketlist herauszupicken, indem Sie bei den anderen Menschentypen einfach einmal spitzeln gehen, um gezielt bei den jeweiligen Tipps nachzulesen, welche Aktivitäten im Allgemeinen möglich sind oder für Sie und Ihren Partner noch infrage kommen könnten.

Natürlich kann sich kein Mensch nur in einer Klassifizierung wiederfinden, deshalb mein Vorschlag, dass Sie sich eben unbedingt die anderen Menschentypen (Jugendliche, Stadt-, Land- u. Naturmenschen, Menschen mit Kindern) gleich jetzt im Anschluss an

Ihren favorisierten Typen zu Gemüte führen sollten. Durch noch mehr Anregungen und vorgeschlagene Möglichkeiten bereichern Sie Ihr nun schon umfangreiches Wissen gleich noch um ein Vielfaches mehr.

Ausflugs- u. Aktionstipps

anche Menschen bzw. Paare würden vielleicht von sich aus gern öfter etwas zusammen unternehmen, können das jedoch aufgrund ihrer finanziellen Lage nicht immer in dem Maße, wie sie es gern erleben würden.

Sollte einer oder sollten Sie beide sich momentan dazuzählen, habe ich für Sie hierfür ein paar extra Anregungen zusammengetragen, wie Sie zu zweit schöner, qualitativ hochwertiger Zeit verbringen können, ohne gleich auf Ihr persönliches Budget zurückgreifen zu müssen – ohne Sorgenfalten im Gesicht, Kopf frei für Zweisamkeit und um sich wieder näherzukommen.

Damit Sie es noch ein wenig einfacher finden können, was Sie gerade am heutigen Tag zu Ihrer aktuellen Bucketlist hinzufügen können, sind die einzelnen Vorschläge bzw. Aktivitäten grob in die vier Jahreszeiten unterteilt.

Und denken Sie daran: Sie SIND in der Lage dazu, egal, ob jugendlicher oder Stadtmensch, Land- u. Naturmensch oder Mensch im blühenden Herbst seines Lebens, kreativ zu werden, um folgende Punkte Ihrer Bucketlist hinzufügen, um wieder gemeinsamen Spaß haben zu können. – Wie bekannt, angeraten immer unter Berücksichtigung der allgemeinen Abneigungen und Vorlieben Ihres Partners. Also, alle Selbstzweigel über Bord werfen. Wenn ich es Ihnen zutraue – und ich kenne Sie nun nicht wirklich gut – dann können Sie erst mit Recht an sich glauben. Und los geht's!!!

Im *F r ü h l i n g* eignen sich nächtliche Spaziergänge oder am Tag in der wieder aufkeimenden, aufblühenden Natur. Radtouren, Wandern über Wiesen und Felder oder Wandern auf ausgewiesenen Wanderwegen. Ein Picknick, vielleicht noch mit warmen Getränken, sollten die Temperaturen noch nicht ganz so dazu einladen, sich länger niederzulassen und zu verweilen. Zusammen Dinge sammeln, z. B. für das Osternest der Kinder oder das Frühlingsgesteck vor der Haustüre.

Hasenkekse backen. Ostereier färben. Gemeinsame Gartenarbeit. Frühjahrsputz in der ganzen Wohnung / im ganzen Haus mit dazu passender, motivierender Musik, die Ihnen und Ihrer besseren Hälfte gefällt. Zusammen das Hab u. Gut ausmisten, alte Sachen entsorgen, um wieder mehr Luft zum Atmen zu haben – und altes Loslassen macht Lust und Platz für Neues: Miteinander entscheiden, was entsorgt werden muss, um Platz für neue Gegenstände und gemeinsame Erfahrungen zu machen.

Und gleich noch etwas Gutes tun: Sind bei den aussortierten Gegenständen, Büchern und Klamotten noch brauchbare Dinge, so könnten diese an ein Sozialkaufhaus oder einen Secondhand-Laden gespendet werden. Joggen. Nordic Walking. Der eine zeigt dem anderen, wie man das Auto von Winter- auf Sommerreifen umrüstet, und dies wird dann auch an Ort und Stelle erledigt. Filmabend zu zweit. Öfter mal Seite an Seite mit dem Hund Gassi gehen. Basketball spielen im Hof oder auf einer allgemein der Öffentlichkeit zugelassenen passenden Örtlichkeit. Und noch so vieles mehr.

Im *S o m m e r* laden zum Beispiel Badeweiher und Badeseen zu einer kostenlosen Erfrischung und gemeinsamen Schwimmrunden ein. Besuche von frei zugänglichen Tiergehegen. Spaziergänge aller Art, unter anderem auch einen Spaziergang im warmen Sommerregen. Ebenso sind Wanderungen und Radtouren, wie im Frühling, auch jetzt noch sehr attraktiv. Kirschen pflücken, Himbeeren, Brombeeren, Johannisbeeren aus dem Garten ernten. Rasen mähen, Unkraut jäten und allgemein den eigenen Garten in Form halten.

„Trimm-Dich-Pfade" gemeinsam und gegenseitig motivierend absolvieren. Zelten im Vorgarten oder Grillen mit befreundeten Pärchen an öffentlich ausgewiesenen Grillplätzen. Picknick am Abend und eventuell mit Übernachtung unter freiem Sternenhimmel das Picknick abrunden. Oder sind Sie abenteuerlustig? Dann verbringen Sie die Nacht an einem für Sie ungewöhnlichem Ort (Auto, Strand ... etc.). Sich immer wieder an wechselnden öffentlichen Plätzen hinsetzen und in Ruhe die hektisch vorbeirennenden Menschen beobachten und sich gemeinsam darüber amüsieren. In Ihrer Küche in Kooperation neue Erfrischungsdrinks kreieren und draußen auf den Liegen im Sonnenschein genießen. Und nachts in altbekannter Zweisamkeit zum Beispiel eine laue Sommernacht genießen und

Sternbilder ansehen oder erraten, welcher von beiden nun der Große oder der Kleine Wagen wäre, usw. oder einfach die Sterne zählen und währenddessen dem Zirpen der Grillen im Hintergrund lauschen.

Im *H e r b s t* bieten sich gleichermaßen Erntearbeiten zu zweit im Garten an, wie z. B. Äpfel zu pflücken oder sämtliche Kohlsorten aus der Erde zu holen. Eine gemeinsame Serie aussuchen und an Schlechtwettertagen mit Ihrem Partner einen Serienmarathon starten. Spieleabende auf einer Spielekonsole mit zwei Controllern oder altbekannte Tischspiele.

Nächtliche Spaziergänge; im Regen, mit entsprechender Kleidung und/oder Wandern macht besonders viel Freude und gute Laune, wenn man die müde werdende Natur betrachtet und wie es jedes Jahr aufs Neue kahl, aber auch gleichermaßen bunter wird in den Baumkronen. Kastanien oder Walnüsse sammeln. Dekorationsmaterial in der Natur suchen – für jahreszeitengemäße Türkränze, Herbstschalen oder Kastanienmännchen. Drachen steigen lassen. Den Garten in Zusammenarbeit „winterfest" machen. Gemeinsam die Sommerreifen an Ihren Autos wechseln und die Winterreifen in kooperativer Arbeit montieren.

Im *W i n t e r* bieten sich lange Spaziergänge durch die verschneite Landschaft an und am Ende ein gemütliches Beisammensein, mit einer heißen Tasse Tee oder Glühwein vor dem heimischen Kamin oder dabei zusammen unter einer Wolldecke auf dem Sofa kuscheln und sich wieder gegenseitig aufwärmen. Schneeballschlachten. Schneemann bauen. Schlittenfahren, Schlittschuhlaufen auf zugefrorenen großen Pfützen, Seen oder Tümpeln. Langlaufski fahren – einige Gemeinden bieten an Waldrändern und naturnaher Umgebung eigens dafür angelegte Loipen an, in welchen begeisterte Langläufer fahren können.

Den Garten mit Weihnachtsdekoration schmücken. Gemeinsames Schneeschippen von Hof und Bürgersteig. Nach eisigem Spaziergang oder einfach nur so zusammen ins Badezimmer gehen und ein heißes Bad einlassen oder sich unter der Dusche dem jeweils anderen den Rücken einschäumen. Tischspiele (Brettspiele, Kartenspiele …) Einen ganzen Tag gemeinsam Couchsurfer sein oder nur im Bett verbringen – kuscheln, Essen im Bett und vielleicht noch mehr. Plätzchen backen. Miteinander einen Adventskalender basteln. Kreieren individueller Grußkarten für die Weihnachtspost. Weihnachtsbaum schmücken. Geschenke für die ganze Familie in Zusammenarbeit einpacken.

Zusammenfassung & Mutmacher

Alles noch einmal zusammengefasst, sind wir aber einfach auch alle irgendwie „nur" Menschen, oder? Alle sind wir ... Lebewesen, die zur Gattung der Säugetiere gehören. Uns macht aus, dass wir aufrecht gehen können – im Gegensatz zu anderen Säugetieren –und wir uns meist über verbale Sprache verständigen. Erfindertum sowie einfaches vorausschauendes „kausales Denken" („Was wäre, wenn ...") und Nachahmung von, aus unserer Sicht, weiterentwickelten Artgenossen. Das alles macht uns als Mensch aus.

Und wie Sie sicher schon richtig kombiniert haben, sind wir keine Maschinen, keine Roboter! Somit ist es uns „Menschen" möglich, emotional zu fühlen und zu erleben, mit all' unseren fünf Sinnen (sehen, hören, riechen, schmecken, tasten – engl. Sight, hear, smell, taste, touch).

Mit ebendiesen unseren, unglaublichen, von der Evolution geschenkten Sinnen ist es uns vor allem möglich: Sich in sein Gegenüber, in dem Fall Ihren Partner, hineinzuversetzen. *„Stillstand ist Rückschritt"*, sagte einst der liberale deutsche Politiker „Karl Wilhelm Rudolf von Bennigsen" (*10. Juli 1824 – 07. August 1902), welcher mit Otto von Bismarck zusammengearbeitet hatte.

Diesem Rückschritt sind Sie in Ihrer Partnerschaft nun offiziell entkommen! SIE stehen nicht mehr still und schreiten somit zurück. SIE sind aufgewacht und möchten angreifen und einer wieder leichteren, gemeinsamen Zukunft mit Ihrem Partner entgegensehen und diese auch leben dürfen. SIE haben das für sich erste „Patentrezept" gefunden, mit welchem Sie mit wenig Arbeit und wenig Aufwand schnell und fast mühelos wieder gemeinsam Unternehmungen machen können – das Patentrezept: Ihre persönliche und eigens erstelle „Bucketlist für Paare".

Ich wünsche Ihnen großen Ideenreichtum und dass Ihnen massig Stichpunkte einfallen mögen. Auf dass Sie mit vielen Stichpunkten gegen die Stiche in Ihrem Herzen arbeiten können und Ihr Lachen wiederfinden. Alles Gute Ihnen, viel Freude und Vergnügen bei Ihrem neuen Abenteuer in Ihrer Partnerschaft „gemeinsam" (wieder) Dinge zu erleben. Ich drücke Ihnen die Daumen!

Herstellung und Verlag:

BoD – Books on Demand, Norderstedt

ISBN: 9783756218011

1. Auflage

Kontakt: Psiana eCom UG/ Berumer Str. 44/ 26844 Jemgum

Covergestaltung: Fenna Larsson

Coverfoto: depositphotos.com

FSC

www.fsc.org

MIX

Papier aus ver-
antwortungsvollen
Quellen
Paper from
responsible sources

FSC® C105338